SUNNY

UND

DIE ZEITREISENDEN

Sunny, Tigerle, Dinole

und Roby

Science-Fiction

für Kinder

Vorwort

Science-Fiction von morgen ist die Gegenwart von heute. Keiner kann mit hundertprozentiger Sicherheit behaupten, dass die Zukunft nicht vielleicht schon morgen stattfinden kann.

Sunny, Tigerle, Dinole und Roby erleben viele Abenteuer und besuchen noch dazu das Zuhause von all seinen Freunden in der Vergangenheit, Gegenwart und in der Zukunft. Roby, der die Zukunft verkörpert, zeigt den Freunden seinen Nova Ypsilon Planet.

Spannende und lustige Geschichten unterhalten, machen neugierig, zeigen wie wichtig die Freundschaft ist, und nehmen die Kinder auf eine fabelhafte Reise mit.

Die Dialoge spornen klein und groß zu mehr Fantasie an und lassen die Möglichkeit offen, die Zukunft in Farben zu erleben. Das Schönste ist, dass diese Abenteuer die Kinder zum Träumen einlädt.

Felicia C. Gerber

SUNNY

UND

DIE ZEITREISENDEN

Geschichte und Illustrationen von
Felicia C. Gerber

Layout Günter Gerber

Impressum

Bibliografische Information der Deutschen Nationalbibliothek: Die Deutsche Nationalbibliothek verzeichnet diese Publikation in der Deutschen Nationalbibliografie; detaillierte bibliografische Daten sind im Internet über www.dnb.de abrufbar.

© 2020 Felicia C. Gerber

Herstellung und Verlag:

BoD – Books on Demand, Norderstedt
ISBN 9 783751 922760

Inhaltsverzeichnis

Für meinen Enkel

Laurence-Vincent Joshua-Morice Sunny-Paul

Die drei Freunde

Es ist ein wunderschöner Sommertag im Jahr 2020, in Saarbrücken. Sunny überlegt nicht lange und sendet per Telepathie Tigerle und Dinole eine Nachricht. Er liebt seine Stadt. Diese Gedankenübertragung hat er mit seiner Omi sehr oft geübt. Sunnys Nachricht hört sich so an:

»Hey Freunde, es ist so ein schönes Wetter heute Nachmittag. Es ist auch wolkenlos. Ich denke, es wäre toll, wenn wir uns treffen würden. Egal wo ihr seid, gibt mir schnellstens Bescheid. Ich freue mich auf euch. Euer Sunny.«

Es dauert nicht einmal 2 Minuten und Sunny bekommt Nachricht von Dinole.

»Hey, mein Freund! Selbstverständlich komme ich heute Nachmittag zu dir. Freue mich bis nachher!«

»Oh, das ist gut. Dinole freut sich auch so sehr wie ich. Wegen der Schule konnten wir nicht mehr so oft zusammenspielen oder etwas unternehmen, wie damals mit Omi auf unserer geheimen Dino Insel. Aber wie sagt meine Omi so schön: Kommt Zeit, kommt Rat«, denkt sich Sunny.

»Dinole, du kommst am weitesten her und hast mir am schnellsten die Nachricht zukommen lassen. Das zeigt, dass wir mit Omi gut geübt haben.«

»Ich komme direkt zu dir. Praktisch bin ich schon unterwegs«, schickt Tigerle seine Nachricht hinterher.

»Er entziffert unsere Nachrichten langsamer, aber wir lernen ihn auch noch schneller zu empfangen«, denkt sich Sunny und freut sich auf seine Freunde mit einem Lächeln im Gesicht.

Die Zeit vergeht sehr schnell und es ist schon Nachmittag. Sunny sitzt am Schreibtisch in Omis Büro und übt für die Schule, als die Freunde wie aus dem Nichts vor ihm stehen.

»Juhu, Sunny wir sind hier! Hast du eine Idee, was wir spielen wollen«, fragt Dinole neugierig.

»Ja, genau, was machen wir jetzt? Wir haben uns wirklich beeilt«, ergänzt Tigerle ganz schnell.

»Moment, nicht so schnell. Als erstes erzählt ihr mir, wie es bei euch zurzeit zu Hause ist. Hier bei uns waren die Straßen wie leergefegt. Jetzt gehts wieder. In die Schule konnte ich nicht gehen und noch schlimmer war es wegen diesem blöden Virus, dieses Covid-19, was für ein Name, dass ich meine Omi und Opi auch nicht treffen konnte. Na gut, ich war unten im Garten und sie haben mich von oben von der Terrasse aus gesehen. Aber wir konnten uns nicht umarmen oder spielen. Superblöd, sag ich euch. Und bei euch, wie war es denn so?«, fragt Sunny mit einer verärgerten Miene.

Dinole, fängt wie immer als Erster zu berichten an.

»Also Sunny Freund bei uns, das weißt du auch, obwohl Millionen von Jahren zurückliegen gibt es immer noch saftige grüne Wälder und Felder. Bei uns ist kein Virus, aber die Feuerbälle kommen immer näher und hätten uns beinah getroffen. Also, ich will damit sagen meine ganze Familie, alle Dinosaurier. Ich glaube, es wird nicht mehr lange dauern und wir werden vernichtet. Aber Sunny Freund, ich finde bei dir, bei deiner Omi zu Hause oder auf unserer geheimen Dino Insel bestimmt Zuflucht, oder«, fragt mit großer Erwartung Dinole.

Sunny ist mit erschreckten Augen wie angewurzelt, ohne sich zu bewegen geblieben.

»Entschuldigung Dinole, ich habe vergessen, dass bei euch auch genauso fürchterliche Gefahren lauern. Wenn du zurückgehst, sag allen Dinos schöne Grüße von mir und dass ich froh bin, dass sie noch existieren. Und du Tigerle, wie war, hm, ist es bei euch zu Hause«, fragt zum Schluss Sunny und hofft nur auf positive Antworten.

»Also bei uns im Wald, dank Corona, war es ruhig. Jäger kamen nicht mehr und auch Wanderer gab es nur wenige. Meine

Freunde, der Elefant, das Reh und das Wildschwein haben mir gesagt, dass ziemlich am Waldesrand zuletzt mehrere Menschen zu sehen waren. Sie sind nur spazieren gegangen, aber vermummt, mit so einer Maske vorm Gesicht. Ich hätte nicht gewusst, ob du mein Freund Sunny bist oder jemand anderer. Wir alle Tiere haben uns erschreckt und noch tiefer im Wald uns versteckt. Jetzt ist aber bei uns auch besser. Wenn wir die Menschen spazieren, oder joggen sehen, verlieren wir langsam auch die Angst. Ich muss aber immer noch bei Mami in der Nähe bleiben. Ich darf mich entfernen, nur wenn ich zu dir komme, Sunny, mein Freund. Nur die Wölfe sind mutiger und gleichzeitig dummer, meiner Meinung nach. Weil sie Scharfe getötet und gefressen haben, dürfen sie jetzt gejagt und angeschossen werden. Sie haben wirklich Pech«, endet seine Erzählung Tigerle.

»Ich muss schon sagen, dass mit euch nie langweilig ist. Wir beschützen uns gegenseitig. Unsere Freundschaft ist stark und unsere Telepathie supergroß«, spricht und gestikuliert Sunny mit ausgebreiteten Armen.

»Wie wäre es, wenn wir rausgehen und mit dem Ball spielen«, fragt glücklich Sunny, dass ihm ein Spiel eingefallen ist, wo alle zusammenspielen können.

»Yee, das ist eine coole Idee Sunny! Obwohl, es schon ziemlich dunkel geworden ist. Aber die Straßen-beleuchtung reicht für unsere scharfen Augen«, antwortet Tigerle.

»Dann los Freunde«, meldet sich schnell Dinole.

»Oh, schaut! Der Himmel ist voller Sterne. Ich frage mich manchmal, ob dort oben auch Kinder wie wir leben«, fragt sich laut Sunny.

»Ach Sunny, du bist so schlau und cool. Wer weiß, wenn du so denkst, gibt es vielleicht auch auf diesen Sternen Menschen und Tiere«, antwortet wichtig Dinole.

»Ja, ja, aha, genauso wollte ich auch sagen«, gibt Tigerle auch seine Weisheit preis.

»Kommt, jetzt spielen wir Fußball! Für Philosophieren haben wir morgen noch Zeit genug«, beendet Sunny die Unterhaltung.

Man hört in der ruhigen Nacht nur ihr lachen und Freude in den Stimmen der drei Freunde.

DER ZEITREISENDE ROBY

Die Nacht ist schwarz geworden wie die Feder eines Raben. Nur die Stille wird durch starke knallende Geräusche unterbrochen.

»Bum, bum, bum, dum dum, bum, dum dum«, ein Feuerwerk am Himmel, zwischen den Sternen und dem Mond, wie an Silvester, erstaunt die drei Freunde.

»Oh, das ist wunderschön! Schaut, wie cool ist das denn? Nur mein Opi kann so ein Feuerwerk an Silvester abfeuern, ehrlich, sag ich euch«, ruft Sunny erstaunt.

»Oh, oh, ich bin schon da. Ich bin schon da. Guten Abend, Freunde«, hören sie hinter ihrem Rücken jemand sprechen.

»Hallo, hallo, ich bin Roby. Ich bin gerade gelandet. Hört ihr mich nicht?«

»Ja, ja, du bist gerade gelandet. Ja, ja, ich habe verstanden. Wer sagt denn so was?

Bist du Dinole«, Sunny dreht sich nach rechts um.

»Oder bist du Tigerle«, Sunny dreht sich nach links um.

»Das sind wir nicht«, antworten die zwei zusammen.

Alle drei drehen sich erschreckt um.

»Hallo, ich hab schon gesagt, ich bin gerade gelandet. Ich stelle mich noch mal vor. Ich bin Robby.

Wie heißt ihr? Also, ich weiß nur, dass du Sunny bist.«

»Ist das dein Ernst? Woher weißt du das? Woher kennst du mich? Ich kenne dich nicht. Warst du das mit dem Feuerwerk? Freunde, das ist Spuk«, spricht Sunny erstaunt.

»Ja, ich war das. Oh Sunny, du kommst bestimmt auch von oben, von unserer neuen Welt, von der Zukunft. Du bist auch ein Ypsilon«, antwortet der Zeitreisende.

»Was heißt, ich bin ein Ypsilon«, fragt er neugierig.

»Weißt du, ich heiße Roby. Also Roboter Mensch Ypsilon. Ich bin eine neue Generation mit außergewöhnlichen Fähigkeiten und mit allen Netzen kompatibel. Ich kann überall sein, wo ich möchte, an Gesprächen teilnehmen und meine Meinung kundtun sowie neue Welten erschaffen, nach Wunsch sozusagen. Du hast bestimmt auch solche Fähigkeiten. Ich habe dich in meinem einmaligen Vergangenheits - Geschichten- Lehre - Zukunftsnetz gesehen. Wir haben die Alte Welt in der Schule durchgenommen. Ich war als Erster mit dem Aufbau von Kontakten fertig. Alle meine Ypsilonlinien im Netz oder real haben dich gesehen, aber nur ich kenne dich wirklich«, erzählt Roby stolz.

»Woher kennst du mich? Na gut, du hast mich in deinem sogenannten Netz gesehen, aber, kennen? Ehrlich, ich weiß es nicht, ob das so stimmt«, fragt Sunny von sich überzeugt.

»Mit Sicherheit kenne ich dich. Du bist mein Urururgroßvater. Du bist etwas ganz Besonderes. Ich habe das gleiche DNA Netz wie du. Du bist wie ein König bei uns.«

»Na klar, was denn sonst. Ich bin ein König und Großvater noch dazu! Und überhaupt, sag mal, du sprichst andauernd von unserer neuen Welt, da oben in der Zukunft. Was soll das? Wo soll das sein? Du hast nur eine Chance, dass ich dir glaube. Sag die Wahrheit! Sei ehrlich zu mir. Vielleicht glaube ich dir.« Sunny überkreuzt die Arme und tippelt mit dem Fuß ungeduldig auf dem Asphalt.

»Wie wäre es, wenn du mir einen Wunsch von dir nennst? Es könnte sein, dass ich dir ihn erfühle«, gibt Robby Sunny zu denken.

»Weißt du was, ich brauche gar nicht lange zu überlegen. Wenn du so bist wie ich, ein Kind, dann kannst du bestimmt sofort meine Omi und mein Opi als junge Menschen, vielleicht nur ein bisschen älter als ich hierher zaubern«, antwortet voller Erwartung Sunny.

»Ich habe Bilder von meiner Omi gesehen und sie sieht fast genauso aus wie Mama. Ich schwöre«, endet er seine Bitte.

»Oh, ja, genial Sunny! Du bist der Hammer«, ruft Dinole enthusiastisch.

»Das ist die beste Idee ever«, ruft auch Tigerle begeistert.

»Okay, dein Wunsch ist mir Befehl«, antwortet Roby.

»Brauchst du einen Zauberspruch wie Abrakadabra oder so«, fragt Sunny neugierig.

»Nein. Danke. Das ist veraltet. Ich kann mit meiner Hardware, Software und Verschlüsselungstechnik in Programmierungskommunikation gepaart mit Zukunftsclouds alles erreichen. So, ich muss mich kurz konzentrieren und schau«, zeigt Roby mit dem Finger nach oben.

Der Himmel erleuchtet in Millionen bunten Sternen und ein Feuerwerk wie nie gesehen, verzaubert alle.

»Guten Abend! Sunny, mein Engelchen! Wir sind hier. Wir freuen uns dich zu sehen, aber es ist schon eine komische Situation«, spricht Omi als junge Frau neben Opi. Er sieht genauso jung wie Omi aus.

»Hey, es hat geklappt! Hurra, haha haha, oh Mann, wie cool ist das denn! Ihr seid wirklich hier und noch dazu, wie ich wollte. Ihr seid tatsächlich so jung wie Mama. Hurra! Roby, du bist genial.«

Sunny springt, umarmt Omi und Opi und lacht vor Freude. Tigerle, Dinole, Roby, Omi und Opi lachen auch herzhaft. Plötzlich fangen Omi und Opi partiell an zu leuchten und zu verschwinden.

»Was ist los«, fragt Sunny erschreckt.

»Ich habe nicht einmal Zeit mit den Beiden zu spielen und sprechen gehabt?«

»Ich befürchte, dass das der Sucher ist«, antwortet Roby.

»Was heißt Sucher, wer ist das, was ist das?«, will Sunny sofort wissen.

»Er ist der Motherboard Fehlerkorrektor. Er denkt, dass jemand sich in mein Netz eingeschlichen hat. Ich muss ihm sofort antworten. Nur meine Ypsilon Freunde wissen, wo ich bin«, antwortet Roby hastig.

»Schick ihn weg«, brüllt Dinole.

Robby drückt hier und da auf seinen linken beleuchteten Arm wie auf einer Computertastatur. Nach ein paar Sekunden berichtet er.

»Okay, der Sucher weiß Bescheid, dass jetzt alles in Ordnung ist.

Tatsächlich, Omi und Opi sind wieder ganz und nicht mehr stückchenweise leuchtend zu sehen.

»Sunny, mein Schatz!«, ruft die verjüngte Omi und hebt Sunny in ihren Armen hoch. Sunny kuschelt sich Gesicht an Gesicht und Opi umarmt beide schützend.

»Omi, Omi, ist das so schön! Jetzt können wir richtig zusammen rennen und spielen. Jetzt tut dir dein Rücken nicht mehr weh. Du bist jung«, und Sunny hebt beide Arme in die Luft.

»Ja mein Schatz. Das ist wahr«, antwortet Omi genauso begeistert.

»Und du Opi, bist immer noch fitter als Omi, aber jetzt bist du auch noch jung und wir können viel mehr spielen. Du kannst länger mein Pferdchen sein«, endet seine euphorische Ansprache Sunny.

»Ich glaube, ich muss mir den Sucher vorknöpfen. Er soll uns alle für immer in Ruhe lassen«, spricht Sunny ernst.

»Sunny mein Held, wir können trotzdem nicht in dieser Form, so Jung, für immer hierbleiben. Ansonsten wird das Gleichgewicht der Zeit unterbrochen. Wenn das passiert, kommen auch andere Gestalten aus der Zukunft auf die Erde und zurzeit seid ihr noch nicht auf sie vorbereitet«, spricht Omi mit ihrer gleichen warmen, bekannten Stimme.

»Na gut, es ist trotzdem wunderschön euch so zu sehen. Wer kann das schon? Nur ich, Sunny. Ich bin Sunny von Sunny, jee«, springt und tanzt glücklich hin und her.

»Sunny, hör zu«, macht Robby ihn Aufmerksam.

»Du bist auch ein Ypsilon. Pass auf, wie wäre es, wenn du mich ein anderes Mal auf unserem Stern, bei mir zu Hause, begleitest«, fragt ihn Roby und ist neugierig auf Sunnys Antwort.

»Was, was, ich soll dich begleiten? Oh Mann, das ist so was von cool! Na klar will ich das. Und wann? Jetzt? Sofort?«

»Nein, nicht jetzt sofort, sondern in ein paar Tagen. Gefällt dir mein Vorschlag?«

»Das fragst du noch? Sofort«, antwortet Sunny.

»Ich weiß, dass du ein voller Ypsilon bist und daher kompatibel mit uns allen da oben. Aber Omi und Opi haben nur ein halbes Ypsilon. Obwohl, wenn ich gut überlege, du kannst dich glücklich schätzen, denn du hast das Ypsilon von ihnen geerbt. Für sie ist es sicherer auf unserem Stern, wieder zurück in die Zukunft«, erklärt Roby.

»Wenn ich dich abhole und uns auf meinen Stern teleportiere, dann kannst du sie, deine liebsten Omi und Opi wiedersehen und mehr Zeit mit ihnen verbringen«, spricht Roby super Zukunftisch.

»Roby, sag mal, wie heißt dein Stern? Du hast es mir noch nicht verraten«, fragt Sunny mehr als neugierig.

»Der Stern, mein lieber Sunny trägt unser Ypsilon Zeichen. Er ist ein neuer Stern. Er heißt Nova und ist in der Nähe vom Mars. Meine Teleportation ist super Nova schnell.

Weißt du, was das heißt?«

»Nein, das weiß ich nicht. Du sagst es mir sicher gleich. Stimmts«, fragt Sunny angespannt.

»Nova bedeutet in Latein „Neues" und steht für explosive Strahlungszunahme eines Sterns. Nova ist wie der Typus einer radiärsymmetrischen morphologischen Struktur auf der Venus. Wir haben uns von der Venus inspirieren lassen«, beendet Roby seine Erklärung.

»Bla, bla, blup, Gummisup. Ich habe nichts verstanden, aber wenn ich ein Ypsilon bin und auf Nova lande, dann verstehe ich es bestimmt. Willst du wissen warum?«

»Warum«, fragt Roby.

»Weil ich Sunny von der Linie Ypsilon bin und in der Zukunft alles verstehen kann. Logo«, antwortet Sunny stolz.

»Woher weißt du das? Fantastisch! Es ist klar wie Wasser, dass du ein Ypsilon bist. Du hast auch die Intelligenz eines Ypsilons. Es stimmt genau, was du sagst«, zeigt

Roby seine Zufriedenheit, indem er von oben bis unten leuchtet.

»Jetzt mal ernst Sunny, du bist mehr als schlau und supercool«, begeistert sich auch Dinole.

»Sunny, du bist der Größte! Du bist mein Freund, ob von Super Nova oder wie auch immer«, gibt Tigerle seinen Senf dazu und hebt seinen Schnauzer stolz wie ein Spanier in die Höhe.

»Aber wo bleiben wir? Nimmst du uns mit, oder müssen wir nach Hause gehen«, fragt Dinole erwartungsvoll.

»Logo, kommt ihr mit. Ihr solltet auf mich weiter aufpassen und umgekehrt. Das ist doch selbstverständlich. Abgesehen davon dauert es zu lange, euch alles zu erzählen. Also erlebt ihr mit mir alles mit«, antwortet Sunny kurz gebunden.

»Jee! Hurraa! Wir fliegen«, ruft Tigerle.

»Aber nein doch, wir werden von Roby teleportiert Freunde«, spricht Sunny leise.

»Mit wem sprichst du andauernd? Mit wem unterhältst du dich, Sunny«, fragt Roby gespannt.

»Ja weißt du Roby, nur meine Vertrauten, beste Freunde und Familienmitglieder dürfen sie sehen und von denen ihrer Existenz wissen. Wenn ich will, lass ich sie sichtbar sein, aber nur wenn ich will. Wir kennen uns noch nicht so lange, dass ich es dir verraten kann.

Vielleicht lerne ich dich auf dem Nova Stern besser kennen und dann verrate ich es dir«, spricht Sunny ein wenig Nachdenklich.

»Obwohl, wenn man so tief nachdenkt, wir sind sowieso verwandt. Aber es ist für mich Okay«, antwortet Roby geduldig.

»Ich verabschiede mich und sage so Long Sunny! Und bis sehr bald«, verabschiedet sich Roby zukunftsgemäß.

»So was? Ach was soll es. Er kommt wieder Freunde«, erklärt Sunny Dinole und Tigerle, denn Roby war schon in einer Lichtaura, umgeben von Blitzen aller Farben, im Nu verschwunden.

»Jetzt spielen wir weiter, oder was«, fragt Tigerle.

»Auf gehts! Ball frei«, ruft Sunny lachend. In der stillen Nacht hört man nur das Lachen und die Freude der Freunde.

»Ich glaube, dass keiner mir glauben wird, nicht einmal Mama, wenn ich erzähle was passiert ist«, denkt Sunny und schmunzelt zufrieden vor sich hin.

Alarm auf Nova Ypsilon

»Oh, Gott sei Dank, es ist Sonntag. Ich muss heute nicht in die Schule gehen. Ob Roby kommt? Ich kann nicht glauben, dass er mich abholen wird. Mal sehen, ob er Wort hält«, denkt Sunny, als er wach wurde.

»Es sind schon 4 Tage vergangen, seitdem er zu mir gekommen ist. Hm, ich wollte sagen, dass er sich teleportiert hat«, denkt Sunny weiter.

Er steht auf, wascht sich, zieht sich an und geht in die Küche. Er nimmt einen Milchreis aus dem Kühlschrank, setzt sich an den Tisch und fängt genussvoll an zu essen.

»Wie gut, dass ich am Wochenende bei meiner Omi bin. Hierher ist zuletzt Roby gekommen.«

Er sieht einen Zettel auf dem Tisch.

»Mein liebster Sunny, ich hoffe, dass du supergut geschlafen und schön geträumt hast. Ich bin auf der Terrasse und Töpfe die Blumen um«, schreibt Omi.

Er geht auf die Terrasse und schlürft seinen warmen Kakao aus seiner Tasse weiter.

»Guten Morgen Omi«, spricht Sunny immer noch ein wenig verschlafen.

»Guten Morgen, mein Schatz«, antwortet Omi.

»Was hast du jetzt vor? Willst du spielen gehen?«

»Ach nö, Omi. Ich fahre bisschen mit meinem Fahrrad rum und mache die Gegend unsicher«, antwortet er schmunzelnd.

»Du darfst nicht vergessen! Du bist ein gut erzogener Junge. Guten Morgen, also

Begrüßung, Danke und Bitte sind selbstverständlich mein Schatz. Das sind die sieben Jahre von zu Hause«, gibt Omi ihren Rat mit ihrer lieben Stimme weiter.

»Logo Omi, ich habe es nicht vergessen. Ich blamiere dich nicht«, antwortet er und hebt zwei Finger mit der rechten Hand hoch.

»Na dann, viel Spaß mein Sunny.«

Er geht in den Hobbyraum, nimmt sein Fahrrad und geht raus. Steigt darauf und gibt Gas.

»Juhu!«

»Den Wind um die Ohren zu spüren ist klasse«, denkt Sunny.

Er kurvt um die Ecke, macht einen großen Bogen und bremst vor dem Haus, überrascht, erschreckt und gleichzeitig erfreut.

»Ha, ha, du bist schon da! Hammer! Ich kann nicht glauben! Du hast Wort gehalten«, jubelt und ruft ganz laut Sunny.

»Ja logo, ich bin Roby.«

»Wie bist du gekommen? Ich habe kein Feuerwerk gesehen.«

»Ich bin mit einem Kometen oder sogenannten Schweifstern gekommen. Am 11. März 1997 war ich mit dem Hale-Bopp Komet gekommen. Es war einfach. Ich habe nur die Zeit zurückgedreht. Es hat sich angeboten. Es war mal was anderes. Licht genug war es trotzdem. Nur dieser Komet ist noch unbekannt, denn er ist nur meiner«, erklärt Roby.

»Ja und wie fliegen wir«, ruft Sunny.

»Nimmst du mich mit? Jetzt gleich?«

»Aber Sunny, du musst erst mal zu Hause Bescheid geben, dass du für eine Woche

weg bist. Bei uns ist die Zeit vergleichbar mit hier gerade mal eine gestrichene Stunde«, erklärt Roby.

»Bei euch, ist sie viel kürzer, bei uns hingegen ganz lange«, antwortet enttäuscht Sunny.

»Wenn du dich in unserer Welt dran gewöhnt hast, kannst du länger bleiben. Warte ab, mein mutiger, cooler toller Urururopa«, will Roby ihn schnell überzeugen.

»Danke, danke, danke, zu viel der Ehre«, er beugt sich theatralisch. Mit der anderen Hand hält er sein Fahrrad fest.

»Na gut, du hast mich überredet. Ich gehe Omi Bescheid geben. Mit ihrer Zauberkraft kann sie bis auf den Nova Stern kommen«, er dreht sich um und geht ins Haus.

»Wer weiß das schon mein Sunny, wer weiß das«, schmunzelt Roby, wissend, dass sie es kann.

»Omi, Omi, ich muss weg!«

»Wie, du musst weggehen?«

»Es ist eine lange Geschichte. Roby, mein Verwandter, bringt mich auf den Nova Stern. Dort sehe ich dich und Opi so alt wie Mama jetzt ist.«

»Jetzt warte mal. Was heißt das? Soll ich mitkommen?«

»Nein Omi, vertraue mir. Ich vertraue Roby. Wenn ich zurückkomme, erzähle ich dir alles. Wir können danach immer noch zusammen die Zukunft besuchen«, antwortet in Eile Sunny. Er rennt zu Roby und beide winken herzlich Omi zu. Omi winkt zurück. Zusammen, nachdem Roby wieder auf seinen leuchtenden Arm drückt, verschwinden sie nach oben wie ein umgekehrter Komet.

»Ich glaube, ich habe etwas sehr Wichtiges zu tun. Ich muss meinen liebsten Enkel zurückbringen, Nova Stern hier oder Nova Stern da. Es ist mir egal, auch wenn ich mich in jung treffen werde«, denkt Omi und kramt ihr ältestes Zauberbuch aus einer Zauberkiste raus.

Sie spricht laut ihren Spruch.

»Abrakadabra, Oma Me Oma Mi, Stern mit Licht und Verstand, bring mich ab sofort auf Nova Land.«

Oma fliegt mit Lichtgeschwindigkeit bis kurz vor Nova. Ein unsichtbares elektromagnetisches Feld lässt sie aber nicht weiterfliegen. Die Funken sind wie Feuerbälle. Wenn, sie kein Objekt erwischen, verschwinden sie für immer im

All. Aber sie sind millionenfach gefährlicher als ein fürchterlich ausgebrochenes Feuer auf der Erde.

»Es sind nur noch ein paar Meter und ich bin bei meinem Sunny«, denkt Omi beunruhigt.

»Was soll ich machen«, spricht sie laut für sich.

»Ach ja, ich weiß. Ich muss den gefährlichsten Zauberspruch sagen«, sie hält sich kerzengerade im All.

»Licht, Elektro, Zeit zerbricht, spring die Sperre wie ein Wicht. Lass mich auf Nova landen und ich schenke dir mein Bedanken, hex, hex.«

Oma ist tatsächlich auf Nova gelandet, direkt neben Sunny und Roby. Die Überraschung ist gelungen, als sie nebeneinanderstehen.

»Omi, was machst du hier«, ruft beunruhigt Sunny.

»Ist alles Okay? Geht es dir gut? Wie bist du hierhergekommen?«

»Bitte mach mal eine kurze Pause. Meine Zauberkunst hat mich bis zu dir gebracht. Ich bin richtig gut, was«, antwortet Omi ein wenig zitternd, aber stolz.

»Ich habe zu dir gesagt, dass ich zurückkomme«, spricht Sunny ein wenig verärgert.

»Ich habe nicht einmal den nächsten Raum gesehen. Am besten gehst du wieder, denn hier ist es sehr gefährlich für dich.«

»Ja Omi, Sunny hat recht. Mensch, Maschinenmenschen oder Außerirdische mögen keine Zauberer mit so starken Kräften. Sie wissen schon, dass du hier bist. Ihre Kontaktneuronen sprechen mit ihrem Hirn und signalisieren rot. Der Kopf wird ganz heiß und wenn sie den Eindringling nicht fassen, explodieren sie. Also verstehst du, sie haben nur ein Ziel, und zwar dich«, erklärt selbst Roby beunruhigt.

»Omi bitte, gehe wieder nach Hause«, bittet er sie mit Tränen in den Augen.«

»Du kommst aber jetzt mit mir mit.«

»Ich komme mit Roby später versprochen«, antwortet Sunny verunsichert.

»Hast du gewusst, dass hier so viele Gefahren lauern«, fragt ihn Omi.

»Nein, aber Roby beschützt mich. Stimmt es?«

»Mit Sicherheit«, antwortet Roby mit ernster Miene.

Überraschend fangen die Lichter an zu flackern. Ein Paar gehen kaputt und zerspringen in Millionen Teilchen. Die Wand dehnt sich und es erscheinen zwei Robotermenschen und zwei graue Gestalten mal rot mal grün. Die Letzteren sind Außerirdische.

»Wir melden Eindringling, Eindringling!«

Alle vier gehen gezielt zu Omi. Sie umstellen sie und ein Maschinenmensch will die Omi mit seinen elektrisch aufgeladenen Fingern töten.

Sunny steht wie versteinert aus Angst und Sorge um Omi. Sie will ein Zauberspruch sagen, aber es war sowieso zu spät. Nur Roby springt dazwischen, kriegt ein paar Funken Energie ab und brüllt.

»Jetzt stopp. Sie sind meine Gäste. Passt nächstes Mal besser auf. Ich glaube, ich muss euch neu programmieren.«

Alle vier drehen sich um, sie entfernen sich von Omi und melden:

»Gefahr gebannt. Gefahr gebannt. Zurück zur Basis. Entschuldige Roby.«

»Ufff, war das ein Schreck. Warum habe ich nicht Tigerle und Dinole mitgenommen«, wischt sich symbolisch Sunny den Schweiß von der Stirn.

»Ich dachte schon, wir sind verloren. Ist aber gut gegangen«, spricht er mit Erleichterung in seiner Stimme.

»Sie waren so schnell da, dass ich meine Omi nicht beschützen konnte. Omi, ich glaube, es ist besser, wenn du jetzt bei mir bleibst«, spricht Sunny mit einem Befehlston in seiner Stimme.

Er beendet nicht mal seine Ansage, da erscheint ein grünes Wesen mit kaum sichtbarer Nase, mit großen dunklen schwarzen Augen und mächtigen Händen. Der Außerirdische macht seine Stimme hörbar.

»Ich wollte kommen«, hört man durch die Haut seine Stimme wie ein Echo.

»Ich möchte mich bei deiner DNA, deinen Genen bedanken, praktisch auch bei deiner Omi. Sie sind die fortgeschrittenen Genen überhaupt in unserem Universum. Das heißt, dass du Sunny uns bei der Entwicklung der Menschen und der neuen außerirdischen Rasse im All sehr geholfen hast. Dein Anteil ist unermesslich bedeutsam für uns. Danke.«

Der Außerirdische beugt sich erst vor Omi und dann vor Sunny. Auf einmal wird der überdimensionale Saal voll mit Menschen, Maschinenmenschen und Außerirdischen. Alle rufen zusammen:

»Sunny, Sunny«, andere wackeln mit den Armen in der Luft und in Stakkato hört man:

»Omi, Omi!«

Sie leuchten und lassen die elektrischen Netze funken.

»Roby, wir danken dir, dass du Sunny hierhergebracht hast.«

Alle applaudieren frenetisch.

Ein Außerirdischer nährt sich Sunny, fasst ihn an dem Arm und bringt seinen Kopf an Sunnys Kopf.

Sunny schließt die Augen.

Er empfängt auf einmal Regenbogen-lichter, die sich wie ein Schutzschild um ihn aufbauen und sieht sie, obwohl er die Augen geschlossen hat.

Sie ziehen beide gleichzeitig die Köpfe zurück und öffnen ihre Augen.

Beide nicken und Sunny lächelt ihn an.

Er hat genauso telepathisch geantwortet.

»Ich habe verstanden, was du mir sagen willst. Wir sind alle Freunde. Alle Lebewesen sind oben wie unten gleich. Du bist auch immer bei uns zu Hause willkommen. Ich danke dir für dein Verständnis für uns Menschen. Ich weiß. Wir machen viele Fehler, aber wir sind gleichzeitig liebenswürdig und lernfähig. Danke für deine Gastfreundschaft, mein Freund. Bis bald«, verabschiedet sich Sunny, ohne die Lippen zu bewegen.

Nur Roby redet.

»Siehst du Sunny! Jetzt kann Omi mir auch vertrauen. Du bist nicht nur für deine Eltern, Omi, Opi und deine Schwester etwas ganz Besonderes, sondern auch für uns alle, hier oben auf Nova.«

»Danke Roby, du bist einfach außergewöhnlich. Ich denke, dass es für Omis Herz genug Aufregung ist. Bitte, bring uns nach Hause.«

»Oh ja Roby, Sunny hat recht. Ich kann jetzt eine gute heiße Suppe und eine Tasse Kaffee vertragen in meinem gemütlichen Sessel. Aber bevor wir gehen, muss ich dir noch etwas verraten. Ich bin wie du. Ich bin eine gute, weise und einer der ältesten Zauberer auf der Erde. Hier benutzt ihr auch Zauber. Nur die Zeiten sind nach vorne verschoben, also in die Zukunft. Deswegen zaubert ihr mit anderen Mitteln als ich. Du solltest allen sagen, dass sie so weit gekommen sind, auch weil es früher schon Zauber gab. Es gibt verschiedene Zauberformeln. Bei uns, wenn jemand verliebt ist, sagt man, dass der andere ihn verzaubert hat. Das heißt Liebe. Und die Liebe, lieber Roby, ob auf Nova, im All oder auf der Erde brauchen wir immer. Bis bald mein guter Freund«, endet Omi ihre Weisheiten.

»Omi, du hast recht. Ich habe gar nicht so weit gedacht«, antwortet Roby beeindruckt.

»Siehst du Roby, das ist meine liebste Omi. Da sagst du nichts mehr, was? Und irgendwie haben wir beide alle Lebewesen gerettet.«

Sunny umarmt ihn und spricht weiter.

»Roby, es war eine Reise wert. Ich muss mich bei Dinole und Tigerle entschuldigen, denn ich hatte keine Zeit, ihnen zu erklären, warum ich so schnell weg war. Ich war einfach in Eile. Also, ich habe viel zu tun. Du musst mir auch verraten, wo die Außerirdischen wohnen und und und...Du wirst mich öfter besuchen, oder?«

»Mit Sicherheit werde ich das tun. Jetzt haltet euch an meinem rechten Arm fest. Ich aktiviere meine Turboteleportation. Im Nu seid ihr zu Hause«, gibt Roby an alle zu verstehen.

»Machts gut meine Verwandte und Freunde! Jetzt gehts los«, ruft Sunny.

Wie ein Komet sind sie direkt vor dem Haus angekommen, gelandet, teleportiert.

Aber Roby zeigt eine unerklärliche Unruhe.

»Was ist los Roby«, fragt Sunny.

»Wir haben auf Nova den größten Alarm. Sie melden mir, dass nur du uns retten kannst.«

»Okay, aber wie«, fragt Sunny.

»Ich tue es sofort.«

»Sunny, du musst auf die richtige Taste auf meinem Arm drücken. Sie sagen, dass ein Außerirdischer unsere Lebensnetze getrennt hat. Nur du bist die Rettung, sagen sie.»

»Welcher Außerirdischer hat das getan«, fragt Sunny.

»Genau der, der dir Freundschaft gezeigt hat. Die Regenbogenfarben waren das Ende der Welt und nicht die Zukunft. Nicht alle, die nett sind, sind leider immer ehrlich«, antwortet Roby.

»Er soll mir noch einmal unter die Augen kommen! Ich werde ihn in die Wüste verbannen«, antwortet erbost Sunny.

»Es ist nicht nötig, er ist jetzt schon in einer Zukunftsblase eingesperrt. Dort ist nicht zum Spaßen, glaube mir. Die Mischwelle schütteln und drücken ihn gewaltig. Aber wir haben andere Sorgen, und zwar die Welt zu retten«, spricht besorgt Roby.

»Abgemacht. Zeige mir dein Arm!«

Die Tasten leuchten in verschiedenen Farben durcheinander.

»Super. Moment mal, hm…wie war es mit dem Würfel und seinen 6 Facetten mit lauter Farben? Aha, aha«, Sunny denkt und mit dem kleinen Zeigefinger klopft er sich an seine Stirn.

»Ich weiß es jetzt.«

Sunny hebt seine Hand und mit seinem Finger drückt er auf die Farbe Blau, wie das Wasser im Ozean.

Alle Lichter beruhigen sich und zeigen Erfolg.

»Haha, haha, Roby, wir haben es geschafft«, Sunny tanzt, springt im Kreis und umarmt Roby.

»Ich habe an meinen Zauberwürfel gedacht. Ich muss mich immer sehr stark konzentrieren, wenn ich die richtige Farbe haben möchte. Und ich musste an das Leben denken. Wasser, Wasser Roby! Ohne Wasser können wir nicht leben. Wir bestehen aus circa 60 % bis 75 % Wasser. Haha, haha, wir haben gewonnen!«

»Sunny, du hast es geschafft, nicht wir. Danke, danke, mein Freund und verwandter. Du hast die Welt gerettet.«

»Nein, nein Roby, wir haben, wenn überhaupt, zusammen die Welt gerettet. Du hast mich gefunden und mit allen bekannt gemacht. Also, Teamarbeit nennt man das. Verstehst du? Team Arbeit«, erklärt Sunny buchstabierend.

»Moment Roby, wir müssen uns noch einmal zu dir in die Zukunft beamen. Wir haben Tigerle und Dinole versprochen sie mitzunehmen. Du hast auch gesagt, dass wir sie bei sich zu Hause, besuchen werden. Stimmt doch, gib es zu«, spricht Sunny schnell und aufgeregt.

»Ja, das habe ich gesagt. Ich halte mein Wort. Das werden wir tun. Ruf die beiden! Sollen wir als erstes Dinoles Familie besuchen?«

»Oh ja, Roby, das ist eine gute Idee. Dinole! Tigerle! Kommt schnell, wir verreisen!«

»Sunny, Sunny, hast du mich gerufen? Ich bin schon da«, atmet aufgeregt Tigerle.

»Ich bin auch hier, Sunny! Ich habe mit meiner Familie viel zu tun. Wir müssen eine noch größere Grotte oder ein besseres Versteck finden, und zwar ganz schnell, glaub mir«, growwt aufgeregt Dinole.

»Wohin reisen wir«, fragt Tigerle neugierig.

»Ich schlage vor, dass wir als erstes Dinoles Familie in der Vergangenheit besuchen. Vielleicht können wir helfen«, spricht Roby ernst.

»Danke Sunny, dass ich die beiden auch kennenlernen darf.«

»Auf was warten wir noch? Los gehts! Roby, du bist jetzt gefragt. Mach alles möglich, los«, gibt Sunny den Startschuss. Roby drückt auf seine schlauen Tasten auf dem Unterarm und die drei sehen bloß ein Feuerwerk. Im nächsten Moment sind sie auf einer Wiese gelandet, umgeben von verbrannter Erde. Alle Tiere, ob groß, gigantisch oder klitzeklein laufen erschreckt hin und her mit ohrenbetäubenden Schreien.

Auf einmal ruft Dinole.

»Mama, hier bin ich! Sunny und meine Freunde sind auch da. Schau Mama!«

»Dinole, wie gut, dass du da bist. Jetzt kannst du mit deinen eigenen Augen sehen, wie es hier ist. Wir müssen uns verstecken. Die Meteoriten und die Vulkanausbrüche vernichten alles, was noch da ist, unsere Nahrung, dass Grass und die Bäume. Auch wir, die Tiere sind gefährdet. Sunny, ihr müsst schnell weg. Hier ist es sehr gefährlich. Ihr könntet getötet werden«, growt aufgeregt Dinoles Mama.

»Leute, ich kann auch nichts unternehmen. Ich würde die Geschichte ändern und das geht nicht«, spricht Roby ernst.

»Warum nicht«, fragt Sunny mit Hoffnung in seinen Augen.

»Weil sonst würden wir auch nicht existieren«, antwortet Roby schnell.

Unerwartet schlägt mit einem Ohren betäubendem Knall ein Meteorit ein und erzeugt einen überdimensionalen Krater. Sunny schaut nach links und sieht Tigerle nicht mehr.

»Tigerle, Tigerle, wo bist du«, schreit Sunny entsetzt.

»Wo ist Tigerle? Sucht! Sucht ihn«, schreit er so laut er kann, und ermutigt die anderen.

Alle sind wie erstarrt vor Sorgen um Tigerle. Nur Dinole streckt seinen langen Hals über den Kraterrand. Er schaut nach unten.

»Ein Wunder ist geschehen«, ruft Dinole.

»Tigerle lebt! Er hält sich mit seiner letzten Kraft mit den vorderen Pfoten an einem Ast fest. Der Ast ragt aus der verbrannten

Erde in dem Krater. Wie holen wir ihn da raus«, fragt erschrocken Dinole.

»Mein Hals reicht nicht aus, dass er sich festhält.«

283 und 112 schauen sich an, nicken und schicken mit gebündelten Kräften Schallwellen in den Krater,

wo wie von Geisterhand plötzlich eine Wurzel raus ragt.

»Schaut«, ruft Roby.

»Tigerle kann sich jetzt auf einer Wurzel mit den hinteren Pfoten stützen. Die zwei haben es geschafft«, ruft Roby stolz.

Dinole senkt sofort seinen Kopf. Tigerle hält sich an seinem Hals fest und Dinole hebt ihn nach oben und stellt ihn vorsichtig auf die Erde.

»Danke Freunde«, bedankt sich Tigerle erschöpft.

»Du hast uns eine Höllenangst eingejagt, weißt du das«, spricht Sunny erleichtert.

»Roby, ich verstehe, dass du besondere Kräfte hast. Bitte rette auch mein Dinole. Nimm ihn mit«, bittet Dinoles Mama, nach dem auch sie aus ihrer Schockstarre rauskommt.

»Nein! Mama! Was sprichst du da? Ich bleibe bei dir und fertig«, antwortet er enttäuscht.

»Dinole, du hast Sunny und deine Freunde. Rette dich mein Kind. Ich werde mich mit der ganzen Familie in die tiefste Grotte retten. Wenn alles vorbei ist, werde ich dich benachrichtigen. Ich werde Sunnys Omi kontaktieren. Rennt«, ruft Mama mit letzter Kraft und entfernt sich zusammen mit den anderen Tieren.

»Mama! Mama«, schreit Dinole entsetzt, traurig und weint herzzerreißend. Seine Tränen kullern auf sein Gesicht auf den Arm und fallen dann auf den Boden.

Der Himmel ist rot, die Erde qualmt von Feuer und ist heiß, sehr heiß. Fast alles ist verbrannt. Bäume, Tiere und sogar verkohlte Felsenstücke fallen auf die Erde, leicht wie Watte.

»Ich kann diese Katastrophe nicht mehr ertragen. Roby bitte, bring uns zurück in die Gegenwart. Hier ist alles so gruselig, genau wie bei uns, wenn Kriege sind. Ich hoffe, dass die Menschen bei uns klüger geworden sind und begreifen, dass wir nur Besucher auf der Erde oder wo auch immer sind«, spricht traurig Sunny und seine Augen sind voller tränen.

»Kommt Freunde, wir beamen uns am besten nach Hause«, flüstert Sunny.

»Welches Zuhause? Wisst ihr, ich habe einen Vorschlag. Wie wäre es, wenn wir zu mir in die Zukunft reisen? Einverstanden«, fragt Roby voller Hoffnung.

»Okay dann schnell los! Weg von hier! Freunde, hier ist es wie bei einem Weltuntergang«, spricht Sunny ernst.

Auf einmal wusste man nicht mehr, ob die Funken von Meteoriten oder dem Feuerwerk von Roby sind. Im nächsten Moment sind alle bei Roby auf seinem Heimatplaneten Nova Ypsilon gelandet.

»Willkommen Zukunft«, ruft Sunny traurig und begeistert zugleich.

»Wir sind gerettet«, ruft Tigerle.

»Meine arme Mama, sie ist bestimmt tot. Meine ganze Familie, Verwandte, Freunde, Feinde, alle sind vernichtet. Alle sind Tod«, growt weinend Dinole.

»Das glaube ich nicht. Es ist normal, dass du dir Sorgen machst. Das ist nun mal so. Ich weiß von verschiedenen Quellen aus dem Internet, dass auf der Halbinsel Yucatán in Mexiko wirklich ein Krater mit einem Durchmesser von 180 Kilometern gefunden wurde. Zudem konnten Geologen nachweisen, dass der Anteil von Iridium in der Erdkruste vor 65 Millionen Jahren besonders hoch war. Dieses Metall kommt normalerweise in so hohen Konzentration nur im Weltall vor. Was sagst du nun Roby? Ich frage mich, wie wir atmen können«, fragt Sunny besorgt.

»Keine Sorge, wir haben das Problem schon längst erkannt und im System gelöscht«, antwortet Roby.

»Na gut. Aber weißt du Dinole, der Einschlag selbst hat die Dinosaurier nicht ausgerottet, aber durch ihn wurde so viel Staub in die Atmosphäre gewirbelt, dass viele Pflanzen eingingen und deswegen die Lebewesen auch irgendwann starben, die sich von Pflanzen ernährten. Es ist klar, dass auch die Pflanzenfresser vernichtet wurden. Doch nicht nur die Dinosaurier starben aus, sondern auch 70 Prozent der zur Kreidezeit lebenden Tierarten. Ein großes Rätsel bis heute ist, warum viele Reptilien diese Zeit überlebten. Bis heute gibt es noch Krokodile, Schlangen, Schildkröten und Eidechsen. Und jetzt ist mir alles klar. Roby mit den Außerirdischen haben es gelöst. Deine Familie hat sich gut versteckt. Sie sind noch nicht gestorben. Nach unserem Besuch in euerem Dino Land wird es noch Hunderte von Jahren dauern, bis die Dinosaurier ausgestorben sind. Dinole, du bist bei uns in Sicherheit! Du kannst deine Geschichte weitererzählen. Wir werden bestimmt auch noch andere Dinosaurier bei uns finden. Wenn nicht, werden wir aus deinen Stammzellen welche heran-züchten. Auf jeden Fall bist du nicht allein. Ich bin immer bei dir mein Freund«, spricht Sunny ernst und umarmt Dinole herzlich.

Dinole schaut Sunny an und ein zartes Lächeln ist in seinem Gesicht zu sehen. Sie haben nicht bemerkt, dass ein kleiner Außerirdischer hinter der Tür lauschte. Er hat so kurze Beinchen, dass er sein Arm bis zu dem Türknopf strecken muss.

»Komm doch rein 283! Wir sind alle Freunde und Familie zugleich«, spricht Roby lächelnd.

»Oh, du bist so niedlich! Du bist genauso grün wie ich. Grün ist sooo schön«, growt Dinole begeistert.

»Gestreift aber auch«, ruft Tigerle und lächelt freundlich.

»283, komm doch rein! Danke für Tigerles Rettung! Willst du uns mit Roby zusammen deinen Planeten zeigen«, fragt Sunny.

»Alle Außerirdische wohnen auf der Rückseite des Planeten«, antwortet Roby.

»Dort darf nicht jeder rein. Wir brauchen eine Genehmigung. Ich bin mir sicher, dass Sunny immer und überall hingehen darf.

Für euch Dinole und Tigerle müsste ich einen Code beantragen«, erklärt Roby.

»Bis ich das mache, könnt ihr vier in die Kommandozentrale des Planeten gehen. Es wird insbesondere für dich Sunny sehr interessant sein. 283 zeigt euch den Weg. Bist du einverstanden 283«, fragt Roby.

Das erste Mal hört man die Stimme oder so etwas Ähnliches von 283.

»Kommt mit, ich bin bei euch meine Freunde«, antwortet er in seinen Schallwellen.

Alle vier gehen in die Kommandozentrale.

»LOL! Guten Tag«, grüßt Sunny freundlich.

»Wir sind aus der Vergangenheit zu euch gereist. Eure Zeit ist sehr interessant«, spricht Sunny überzeugt.

An einer schwebenden Kommando-zentrale, sitzen auf zwei durchsichtigen

Stühlen der Commander und ein Außerirdischer. Von hier aus kann man das ganze Universum sehen und sogar in alle überdimensionale Räume auf Nova, die durch hochentwickelte Glaskuppeln gesichert sind. Beide Männer machen einen vertrauens- würdigen Eindruck.

»Guten Tag Sunny! Kommt näher! Wir heißen euch Willkommen«, antwortet der Commander.

»Wir haben auf euch gewartet. Sunny, wenn du möchtest, kannst du mit uns weiter gehen. Deine Freunde können das alles hier bewundern. Wir kommen auch schnell wieder zurück. Mein Kollege, der Außerirdische Commander XYZ und ich, möchten dir seine Kommandozentrale zeigen. Willst du«, fragt der große Commander. Er ist ganz in Weiß angezogen, mit einem Sakko voller leuchtenden Tastaturen.

»Ja Logo will ich«, ruft Sunny begeistert.

»Seid ihr auch einverstanden«, fragt Sunny Dinole und Tigerle.

»Na klar Sunny. Gehe nur«, antwortet Dinole.

Nachdem sie die Zentrale verlassen haben, kommt unerwartet ein Außerirdischer mit einer Sicherheitstruppe reingestürmt und befehlt.

»Nehmen sie sie fest! Sie wollten die Codes zu den anderen Planeten und Zeiten stehlen. Sie sind Eindringlinge.«

»Du bist bestimmt der falsche Freund von Sunny.

Ich erkenne dich aus seinen Erzählungen«, meldet sich Tigerle mutig.

Zwei Außerirdische aus der Sicherheitstruppe stürzen sich auf Dinole und Tigerle. Um sich zu verteidigen, will Dinole Feuer spucken und Tigerle ist bereit, mit seinen großen Pfoten zuzuschlagen. Im selben Moment kommen Sunny, Roby und die zwei Commander zurück.

»Was ist hier los«, ruft Sunny.

»Sie sind Saboteure und Eindringlinge, Commander«, antwortet unterwürfig und täuscht bedauernd der falsche Freund.

»Das stimmt nicht«, bekommen alle die Schallwellen von dem kleinen grünen Außerirdischen ab.

»Das ist eine Lüge. Als 112 mit seiner Truppe hereingekommen ist, haben sie mich übersehen. Ich war in einer Ecke, wo eine täuschend ähnliche Wand in einer grünen Farbe ab und zu erscheint. Deswegen haben sie mich übersehen. Ich bin genauso grün wie diese täuschend ähnliche Wand. Dinole und Tigerle haben nichts angefasst«, erzählt stolz 283.

Der Commander macht ein grimmiges Gesicht und befehlt verärgert.

»Nimmt 112 fest und steckt ihn bis zum Prozess in eine Zeitblase. Das war nicht sein erstes Vergehen. Er kann sich eine Verteidigung überlegen. Es hätte durch sein Verhalten und seine Lügen unter Umständen ein Krieg im Universum ausbrechen können. Los, weg mit ihm«, befehlt er.

»Oh man, er ist so lost. Commander, entschuldigen Sie! Ich schlage vor, dass 112 mit Roby und uns zusammen, also

auch mit 283, auf die Erde in die Vergangenheit beamt.

Wir werden ihm den Dschungel, das Zuhause von Tigerle zeigen. Er wird sehen, was Freundschaft, Vertrauen und Zusammenhalt nicht nur bei uns Menschen, sondern auch bei den Tieren, heißt. Wir vier haben ihm trotz seinem Verhalten gezeigt, wie cool es ist, wenn man sich gegenseitig vertraut«, erklärt Sunny.

»Es hat, wie ihr sieht, nicht geholfen«, antwortet Roby.

»Aber nicht alle Außerirdische haben ein so schreckliches Benehmen«, erklärt der Commander.

»Sollen wir es nicht versuchen«, fragt Sunny mit Hoffnung in den Augen.

»Roby, du trägst die Verantwortung. Also gut genehmigt. 112, du hast wieder Glück gehabt«, beendet der Commander seine Ansprache.

»Freunde, auf was warten wir noch? Tigerle ist es für dich okay«, fragt Sunny.

»Jap«, antwortet Tigerle fröhlich.

»Cool, dann los! Komm Roby, transportiere uns«, ermutigt Sunny Roby.

»Dann los! Haltet euch an eueren Händen und Pfoten fest«, antwortet Roby.

»Auf Wiedersehen Commander«, verabschieden sich alle zusammen.

»Bis bald Sunny! Ich wünsche euch viel Glück, auf Wiedersehen«, ruft der Commander lächelnd.

Das Feuerwerk ist noch toller, größer und farbiger als sonst. Im nächsten Moment sehen sie Grün, viel Grün, Lianen, Blumen in allen Farben, Felder, Grotten in den Bergen und Tiere aller Art.

Alle sammeln sich um die sechs herum und bewundern mit offenen Mäulern das Feuerwerk. Nachdem es erlöscht, ist die Aufmerksamkeit nur auf den sechs Besuchern.

»Willkommen! Sunny, Tigerle wo wart ihr? Wir haben euch schon lange nicht mehr zusammen gesehen. Sollen wir vor den Dinosaurier Angst haben«, fragt der Elefant.

»Aber nein, er ist auch unser Freund aus der Vergangenheit. Er kommt aus über 60 Millionen Jahren zu uns. Darf ich euch vorstellen? Er ist Roby, mein Urururenkel und hier ist 283 und 112. Sie sind Freunde aus der Zukunft. Wisst ihr, Roby kann uns überall hin beamen. Demnächst werden wir zusammen neue Städte bauen. Diese Städte werden außergewöhnlich sein. Sie verbinden Vergangenheit, Gegenwart und Zukunft in einem. Alle Lebewesen werden voneinander lernen, sodass keine Kriege, Feindseligkeiten, Neid und Gier Platz haben. Die Freundschaft, Ehrlichkeit und ganz wichtig Vertrauen werden über alles Siegen. Wenn sie fertig sind, wollt ihr auch zu uns kommen«, fragt Sunny neugierig.

»Hast du nicht jemanden vergessen«, fragt Tigerle mit einer besorgten Mimik.

»Wen, wen habe ich vergessen«, fragt Sunny.

»Deine Omi, mein Freund«, antwortet Tigerle stolz.

»Ach wo, Tigerle, wie könnte ich? Du kannst es aber nicht wissen, dass meine liebste Omi in die Zukunft zu Roby sich selbst zaubern kann. Wie du sehr gut weißt, war sie in der Vergangenheit und auch bei dir zu Hause im Dschungel. Also, ich kann sie, wann und wo ich will telepathisch erreichen. Einfach so, isi, pisi, lisi. Danke für deine Fürsorge«, antwortet Sunny erfreut.

»Tigerle hat recht. Ich wusste es auch nicht. Gut, dass du uns informiert hast. Sie ist eine sehr wichtige Person für uns alle. Warum wollt ihr Wissen, ob sie bei uns sein wird«, growwwt lang und wichtig Dinole.

»Es ist ganz einfach. Weil auch ohne Roby, können wir drei uns überall hin transportieren. Stimmts«, fragt lächelnd Tigerle an Dinoles stelle.

»Ja, ihr zwei. Ihr habt vollkommen recht«, antwortet Sunny.

»Es ist wunderschön in dem Dschungel, aber ich schlage vor, dass ich uns zu Omi beame«, spricht Roby fröhlich.

»Ich habe mich sehr gefreut, euch alle Kennenzulernen«, sagt Roby noch dazu.

»Auf los gehts los Freunde«, gibt Sunny das Kommando und alle verschwinden genauso wie sie gekommen waren, aus dem Nichts.

Alle stehen vor Omis Haus mit sehr zufriedenen Gesichtern.

»Leider muss ich jetzt weg, aber keine Frage, ich komme wieder und ich werde euch oder nur dich Sunny für eine längere Zeit mitnehmen«, gibt Roby Bescheid.

»Ich bin sehr glücklich, euch als Freunde zu haben«, schickt der Kleine 283 seine Schallwelle.

»Wir sind auch sehr glücklich und Dankeschön für deine Hilfe«, antwortet im Namen aller Sunny.

»Immer wieder sehr gerne«, brüstet sich 283 mit seinen Schallwellen als Antwort.

»Ich werde mich bessern. Versprochen! Und Sunny, willst du auch mit mir befreundet sein«, fragt schüchtern und voller schlechtem Gewissen 112.

»Wer möchte nicht ein Freund und noch dazu in der Zukunft haben? Logo will ich, dass du auch mein, hm, unser Freund bist. Jedes Mal wirst du etwas über Freundschaft, Zusammenhalt, Vertrauen und Mitgefühl lernen. Schau, dass du in der Zukunft keinen Blödsinn mehr machst, bis wir uns wiedersehen«, antwortet lächelnd Sunny.

Alle Lachen und Umarmen sich.

Auf einmal kommen die Schallwellen von 283 direkt auf Sunny zu.

»Hilfe, ein Junge! Er hat uns gesehen. Wer ist er? Was will er? Was tun wir«, fragt 283 hintereinander aufgeregt.

Der Junge steht wie angewurzelt genau an der Ecke des Hauses und schaut mit großen erschreckten Augen die grünen Wesen an. Das heißt, er ist hypnotisiert von Dinole, 283 und 112.

Stotternd zeigt er mit dem Finger auf die drei und fragt.

»Ich sehe nur Grün! Was sind sie? Wer sind sie? Kennst du sie? Muss ich jetzt sterben?«

»Ach, das ist nur Felix. Du brauchst keine Angst zu haben. Du stirbst nicht. Sie sind lieb. Sie sind meine Freunde aus der Vergangenheit und der Zukunft. Ich werde es dir irgendwann erklären. Leute, das ist Felix, ein Schulkamerad von mir«, spricht amüsiert Sunny.

»Wie sind sie hierhergekommen«, fragt ängstlich Felix.

»Sie haben sich alle gebeamt oder transportiert, wie du willst«, antwortet Sunny.

Alle lächeln und schauen Felix direkt in die Augen.

»Soll ich dich auch beamen«, fragt 283 und schickt seine Schallwellen zu Felix.

Er macht einen großen Schritt zurück und fällt rückwärts auf seinen Popo und stützt sich mit seinen Händen hinten fest am Boden.

»Was, was war das? Hilfe Sunny«, schreit Felix.

»Mich hat etwas elektrokutiert.«

»Sei nicht so ein Angsthase Felix. Man sagt, es hat mich etwas elektrisiert. Wenn ich dir sage, es passiert dir nichts, dann ist es auch so«, versucht Sunny Felix zu beruhigen.

»Was machen wir mit ihm«, fragt 112 Roby.

»Wir beamen ihn in sein Bett. Er denkt danach bestimmt geträumt zu haben. Check?«

»Check«, antwortet 112.

Wie aus Zauberhand verschwindet Felix.

»Was habt ihr mit ihm gemacht«, fragt Sunny etwas besorgt.

»Keine Sorge, mein Freund. Wir haben ihn in sein Bettchen gebeamt. Er denkt, dass er geträumt hat. Lustig was«, antwortet 112.

Alle lachen laut, umarmen sich und hüpfen hoch und runter.

»Waw, was für eine Gravitation habt ihr«, fragt 112.

»Auf der Erde 112 ist es so. Die Gravitation bewirkt, dass alle Körper nach unten in Richtung Erdmittelpunkt fallen. Bei euch außerhalb eurem gläsernen überdimensionalen Haus, auf dem Nova Planet, könnt ihr schweben. Stimmts«, fragt Sunny stolz, dass er so viel wusste.

Omi steht angelehnt an der Tür und beobachtet die besonderen Freunde.

Roby hat mit dem Feuerwerk begonnen. Für Sunny hat er noch dazu einen ohrenbetäubenden Donner vorbereitet.

»Sunny, du machst unserer Ypsilonlinie alle Ehre. Du bist etwas ganz Besonderes. Du strahlst wie die Sonne. Dein Name ist jetzt schon überall im Universum in den Geschichtsnetzen zu finden. Bis bald Sunny«, ruft Roby noch schnell hinterher.

»Leute, das ist richtig cool, was? Bis bald Roby, 283 und 112«, verabschieden sich ganz laut Sunny, Dinole und Tigerle. Nach und nach verschwindet das Feuerwerk.

Rettung der Welt oder wie man so schön sagt: Ende gut, alles gut!

Roby, 283 und 112 sind weg.

»Freunde wollt ihr noch mehr Spaß und Abenteuer«, fragt Sunny.

Dinole und Tigerle antworten.

»Wir können es kaum erwarten!«

»Es war richtig, richtig cool«, rufen begeistert beide zusammen.

»Kommt rein ihr Zeitreisende! Sunny, du hast die Welt gerettet und ihr drei seid in der Vergangenheit und in der Zukunft gewesen. Jetzt seid ihr wieder zurück in der Gegenwart. Das war ein Spaß, was? Ihr habt bestimmt auch vor weiterhin zu reisen. Ihr müsst mir alles minutiös erzählen, einverstanden«, fragt Omi schmunzelnd.

»Ja Omi, Logo wie logisch! Was denkst du, dass wir Stubenhocker sind? Das ist erst der Anfang. Und genau das haben wir jetzt gemacht«, lächelt Sunny und schaut Dinole und Tigerle erwartungsvoll an.

»Wir sind dabei Bro«, antwortet mit einem Grinsen in Gesicht Dinole.

»Wenn ihr gedacht habt, dass ich im Dschungel bleibe, habt ihr euch schwer getäuscht. Ich bin dabei Freunde«, Tigerle tanzt auf einer Pfote und lacht.

»Das nenne ich Zeitgeist oder heißt es zeitgleich? Egal! Freunde, wir werden viel zu tun haben. Omi wartet wie immer mit Essen auf uns, nicht wahr«, ergänzt Sunny.

Unerwartet ist Sunny von vielen außergewöhnlichen Menschen umgeben. Manche sind groß und andere sehr sehr klein. Einige haben lange struppige Haare und andere haben Schnee weißes Haar. Ein Paar sind wie vor Jahrhunderten mit Ritter Rüstung. Die Frauen sind mit langen

Gold bestickten Gewändern aus Seide angezogen. Sunny lächelt verlegen und schaut sich im Kreis um.

»Mein Sunny, beinah alle Zauberer sind gekommen, um dir zu gratulieren«, spricht Omi stolz.

»Warum? Was habe ich so Außergewöhnliches gemacht«, fragt Sunny erstaunt.

»Schau mein Schatz. Du bist etwas ganz Besonderes. Bis in die Zukunft und noch weiter werden alle Menschen, Roboter und Außerirdische von dir sprechen. Du bist die wichtigste Verbindung zwischen den Zeiten. Big John ist aus Amerika gekommen. Er kann Wolken schieben. Aime, die kleine Hexe aus Kanada passt immer gedanklich auf dich auf. Die Zwillinge Re und Ri aus Frankreich verfolgen deine Entwicklung und ebnen dir deine Wege in die Zukunft. Alle, die sich hier versammelt haben, sind und werden deine Begleiter sein. Und ich, mein Schatz, bin die Mutter der Zauberer. Das weißt du auch. Die gesammelten Kräfte habe ich dir weitergegeben. Mit der Zeit wirst du sie erkennen, wenn du verschiedene Menschen treffen wirst, mal böse, mal gut gesinnt«, endet Omi ihre Ansprache.

»Ich danke euch allen«, spricht Sunny lächelnd und verbeugt sich.

Die Zauberer verabschieden sich, klopfen Sunny auf die Schulter oder lassen Zaubergold auf ihn regnen.

»Das Essen wartet auf euch«, ruft Omi und lächelt zufrieden und glücklich.

»Habe ich es euch nicht gesagt«, lacht Sunny. Dinole, Tigerle und Omi lachen herzhaft mit. Sie haben sich von Sunnys Lachen angesteckt.

»Omi, in welche Abenteuer zauberst du uns demnächst«, fragt Sunny und geniest Omis Gesellschaft und ihre zauberhafte Gemüsesuppe.

»Mal sehen! Abrakadabra...«

»Omi Stopp! Für heute reicht es, richtig Freunde«, fragt Sunny lachend.

Tigerle und Dinole nicken begeistert.

Alle fühlen sich in Omis Haus geborgen.

»Was für ein Tag Freunde, was für ein Tag! Wenn ich gut überlege, jeder von uns Kindern ist außergewöhnlich. Es könnte jeder an meiner Stelle sein. Oder doch nicht...? Das glaubt mir bestimmt keiner. Na ja, dessen ihr Pech«, denkt und schmunzelt für sich Sunny zauberhaft.